ICS 01. 140
A 14
备案号:43468 - 2014

WH

中华人民共和国文化行业标准

WH/T 66—2014

古籍元数据规范

The Chinese ancient books metadata specifications

2014 - 01 - 06 发布　　2014 - 04 - 01 实施

中华人民共和国文化部　发布

图书在版编目(CIP)数据

WH/T 66—2014 古籍元数据规范/中华人民共和国文化部发布. --北京:国家图书馆出版社,2015.12
中华人民共和国文化行业标准
ISBN 978-7-5013-5753-6

Ⅰ.①W… Ⅱ.①中… Ⅲ.①古籍—数据管理—规范—中国 Ⅳ.①G255.1-65

中国版本图书馆 CIP 数据核字(2015)第 292022 号

书　　名　WH/T 66—2014 古籍元数据规范
著　　者　中华人民共和国文化部　发布
责任编辑　高　爽　王炳乾

出　　版　国家图书馆出版社(100034　北京市西城区文津街 7 号)
(原书目文献出版社　北京图书馆出版社)
发　　行　010-66114536　66126153　66151313　66175620
66121706(传真),66126156(门市部)
E-mail　nlcpress@nlc.cn(邮购)
Website　www.nlcpress.com ——→投稿中心
经　　销　新华书店
印　　装　北京科信印刷有限公司
版　　次　2015 年 12 月第 1 版　2015 年 12 月第 1 次印刷

开　　本　889×1194(毫米)　1/16
印　　张　3
字　　数　40 千字

书　　号　ISBN 978-7-5013-5753-6
定　　价　30.00 元

目　　次

前言 …… Ⅰ
引言 …… Ⅱ
1　范围 …… 1
2　规范性引用文件 …… 1
3　术语和定义 …… 1
4　古籍资源著录 …… 2
5　元素集与扩展原则 …… 3
6　元素集及定义说明 …… 5
7　元素及其修饰词定义 …… 7
附录 A（资料性附录）古籍元数据规范著录示例 …… 31
参考文献 …… 40

前　言

本标准按照 GB/T 1.1—2009 给出的规则起草。

请注意本文件的某些内容可能涉及专利。本文件的发布机构不承担识别这些专利的责任。

本标准由全国图书馆标准化技术委员会(SAC/TC 389)提出并归口。

本标准主要起草单位:国家图书馆。

本标准参与起草单位:北京大学图书馆、上海图书馆。

本标准主要起草人:苏品红、鲍国强、刘大军、孙俊。

本标准参与起草人:郭立暄、谢冬荣、陈雷。

本标准附录 A 为资料性附录,给出古籍元数据著录规范示例。

引　言

本标准的制定参考了 GB/T 25100—2010《信息与文献——都柏林核心元数据元素集》。

本标准参考科技部科技基础性工作专项资金重大项目《我国数字图书馆标准规范建设》子项目《专门数字对象描述元数据规范》的研究成果及 ANSI/NISO Z39.85—2007《都柏林核心元数据元素集》(ISSN：1041—5635)、都柏林核心元数据计划(The Dublin Core Metadata Initiative，DCMI)发布的《都柏林核心元数据元素集》1.1 版(2008-01-14)、RFC 5013《都柏林核心元数据元素集》。

本标准为古籍资源的元数据规范。在古籍元数据元素集设计中，共设计了 21 个元素、43 个元素修饰词以及 5 个编码体系修饰词，并对术语进行属性定义。

本标准行文一般用简体字，示例用规范的繁体字。

古籍元数据规范

1 范围

本标准规定了描述古籍资源内容和外观特征的专门元数据元素集,以及古籍资源定位与管理的一般性方法。

本标准不对古籍资源的管理信息、技术信息等作专门的模块规定。若有需求,可应用相应的管理元数据规范或保存元数据规范所规定的元素;本标准亦不规定与特定系统相关的古籍资源元数据集的分析、设计与实现技术。

本标准适用于描述由古籍原物转换为数字形态的古籍资源,也可用于描述纸本原物形态的古籍资源。

本标准主要供文化信息机构使用,其他信息资源领域可直接或经修订后采用,但其修订必须遵循本文件的基本原则与扩展原则。

2 规范性引用文件

下列文件对于本文件的应用是必不可少的。凡是注日期的引用文件,仅注日期的版本适用于本文件。凡是不注日期的引用文件,其最新版本(包括所有的修改单)适用于本文件。

GB/T 3792.7 古籍著录规则

GB/T 25100—2010 信息与文献——都柏林核心元数据元素集

WH/T 22—2006 古籍特藏破损定级标准

DCMI Usage Board. DCMI Metadata Terms[EB/OL].[2012-09-21]. http://dublincore.org/documents/dcmi-terms/

T Berners-Lee, R Fielding, L Masinter. Uniform Resource Identifier (URI): Generic Syntax [EB/OL]. [2012-09-21]. http://www.ietf.org/rfc/rfc3986.txt

Library of Congress. Metadata Object Description Schema[EB/OL].[2012-09-21]. http://www.loc.gov/standards/mods/mods-outline.html

3 术语和定义

下列术语和定义适用于本文件。

3.1

古籍资源 Chinese ancient books resources

1911 年及以前中国书写、印制的书籍及其映射转换的数字化文献。

3.2

元数据　metadata

定义和描述其他数据的数据。

［GB/T 18391.3—2009，术语和定义 3.2.18］

3.3

描述元数据　descriptive metadata

对信息资源本身的内容、属性、外在特征进行描述的元数据。

3.4

元素　element

元数据集合中用于定义和描述数据的基本单元，由一组属性描述、定义、标识，并允许值限定。

3.5

修饰词　qualifier

当元素无法满足古籍资源对象的精确描述需要时进一步扩展出的术语。修饰词包括两种类型：元素修饰词和编码体系修饰词。

3.6

元素修饰词　element refinement

对元素的语义进行修饰，提高元素的专指性和精确性。

3.7

编码体系修饰词　encoding scheme

用来帮助解析某个术语值的上下文信息和解析规则。其形式包括受控词表、规范表或者解析规则。

3.8

复用　reuse

在元数据应用过程中，对于其他元数据标准中已经有明确定义并适用于本应用领域的元素的直接使用，并在使用时明确标明其地址。

4　古籍资源著录

4.1　著录单位

本标准的著录单位根据古籍资源实际情况规定如下：

a）古籍的一种版印原物。

b）古籍的一部藏本原物（或对应的数字资源）。

c）古籍的一部藏本原物的组成部分（或对应的数字资源）。

d）由不同古籍原物转换的一种数字资源。

e）由不同古籍原物转换的一种数字资源的组成部分。

4.2　著录对象

本标准所指的古籍资源包括古籍实物及其通过拍照、扫描等数字化方式形成的古籍数字资源。

4.3 著录信息源

著录信息源来自被著录的信息资源本身,资源本身信息不足,可参考其他信息源或者其他有关文献资料。应该首选为著录各元素/修饰词提供较全面数据的主要信息源,如所著录文献缺少主要信息源,可从各元素项最充分的其他信息源中选取著录信息。取自主要信息源以外的信息,或编目员自拟的著录内容,建议在著录时视需要在附注项说明著录来源。

5 元素集与扩展原则

5.1 元素集

本标准元素集共21个元素,见表1。如有特别需要,可进行本地扩展。

表1 古籍元数据元素及修饰词列表

元素	元素修饰词	编码体系修饰词	复用其他标准
题名			dc:title
	并列题名		
	版心题名		
	内封题名		
	书衣题名		
	书根题名		
	卷端题名		
	其他题名		
主要责任者			dc: creator
其他责任者			dc: contributor
日期			dc: date
		年号纪年(Chinese calendar)	
		公元纪年(Gregorian calendar)	
	出版日期		
	印刷日期		
出版者			dc: publisher
	出版地		
	印刷者		
	印刷地		
版本类型			mods: edition
	版印说明		
载体形态	装订方式		
	数量		
	图表		
	尺寸		
	附件		

表 1　古籍元数据元素及修饰词列表（续）

元素	元素修饰词	编码体系修饰词	复用其他标准
附注			dc：description
	底本附注		
	缺字附注		
	责任者附注		
	丛编附注		
	子目附注		
	附录附注		
	提要		
收藏历史			dcterms：provenance
	获得方式		
	题跋印记		
文献保护	文物级别		
	破损级别		
馆藏信息			mods：location
	馆藏地		
	索书号		
	其他编号		
相关资源			dc：relation
	丛编		
	子目		
	合刻书名		
	合抄书名		
	合印书名		
	合订书名		
	合函书名		
	附录		
	书目文献		
		统一资源标识符（URI）	
主题			dc：subject
		中国分类主题词表（CCT）	
		四部分类法（FDC）	
时空范围			dc：coverage
	地名		dc：coverage. spatial
	年代		dc：coverage. temporal
		公元纪年（Gregorian calendar）	
		年号纪年（Chinese calendar）	

表1　古籍元数据元素及修饰词列表(续)

元素	元素修饰词	编码体系修饰词	复用其他标准
语种			dc：language
来源			dc：source
权限			dc：rights
类型			dc：type
格式			dc：format
标识符			dc：identifier
		统一资源标识符(URI)	
其他复本信息			

5.2　扩展原则

5.2.1　现有元数据标准中,如果没有恰当的元素可供复用,允许自行扩展元素。

5.2.2　自行扩展的元素不能和已有的元素有任何语义上的重复。

5.2.3　扩展的修饰词必须遵循向上兼容原则,即修饰词在语义上不能超出被修饰词(元素)的语义。

5.2.4　新增加的元素和修饰词须优先采用DCMI中的元素和修饰词,或者是现有其他元数据标准中的元素和修饰词。

5.2.5　新增元素如果复用来自其他元数据标准的元素或修饰词,必须说明来源,使用时严格遵循其语义。

6　元素集及定义说明

本标准中,元素及修饰词名称为英文,以便于计算机标记和编码,并保证与其他语种和其他元数据标准(如DC)应用保持语义一致性;标签为中文,以便于对照理解。

每一元素均为可选,且可重复。但本标准中title、edition、physical description是必备的,identifier如果有也是必备的。

本标准所有元素均为非限制性的,如果在特定的项目或应用中使用,可进行必要的扩展,并增加使用说明。本标准中的元素描述及示例中有可能涉及扩展描述。

本标准中的标签只是元素名的一个语义属性,在具体的应用领域,为突出资源的个性和元数据的专指性,更好地体现该元素在具体应用中的语义,允许赋予其适合的标签,但语义上与原始定义不允许有冲突、不允许扩大原始的语义。

本标准定义的所有元素与顺序无关。同一元素(如creator)多次出现,其排序可能是有意义的,但不能保证排序会在任何系统中保存下来。

为促进全球互操作性,很多元素描述其元素的值宜取自受控词表。同样,为了某些特定领域内的互操作性,也可以开发利用其他受控词表。

为了便于理解与使用,每一元素后增加一些示例,说明其具体用法,但元素的使用当不限于示例所举。

本标准中的元素及修饰词通过以下属性进行定义(见表2)。

表2 古籍元数据标准术语定义

No.	属性名	属性定义	约束
1.	名称(Name)	赋予术语的唯一标记,一般为英文小写	必备
2.	出处(Defined By)	一般给出定义术语(特别是给出术语"名称"与"统一资源标识符")的来源名称及来源的 URI。如无来源名称与 URI,也可以是定义术语或维护术语的机构名称。或者也可以是书目引文,指向定义该术语的文献	
3.	标签(Label)	描述术语的可读标签,一般为中文,可随资源不同选择不同的描述术语	必备
4.	定义(Definition)	对术语概念与内涵的说明	必备
5.	注释(Comments)	关于术语或其应用的其他说明,如特殊的用法等	可选
6.	术语类型(Type of Term)	术语的类型。其值为:元素、元素修饰词和编码体系修饰词	必备
7.	限定(Refines)	在定义元素修饰词时,在此明确指出该术语修饰的元素。一般给出所修饰元素的名称,推荐同时给出 URI	有则必备
8.	元素修饰词(Refined By)	在定义元素时,在此项中给出限定此元素的元素修饰词。一般给出元素修饰词的名称,推荐同时给出 URI	有则必备
9.	编码体系应用于(Encoding Scheme For)	在定义编码体系修饰词时,在此给出该术语修饰的元素。一般给出所修饰元素的名称,推荐同时给出 URI	有则必备
10.	编码体系修饰词(Encoding Scheme)	在定义元素时,如果元素有编码体系修饰词,在此给出编码体系修饰词,一般给出术语的名称,推荐同时给出 URI	有则必备
11.	数据类型(Datatype)	术语允许取值的数据类型	可选
12.	版本(Version)	产生该术语的元数据标准版本	可选
13.	语言(Language)	用来说明术语的语言	可选
14.	频次范围(Occurrence)	术语使用的频次范围。采用区间的表示方法:[min,max],同时包括了对必备性和最大使用频次的定义。min =0 表示可选;min =1 表示必须;max =10 表示最大使用频率为 10 次;max = ∞ 表示最大使用频次没有限制	可选
注:上述属性中的四项作如下固定取值: a)版本:1.0 b)语言:缺省为简体中文 c)数据类型:字符串 d)频次范围:一般不限,为[0,∞),在制订著录规则时应给出实际的范围			

7 元素及其修饰词定义

7.1 元素

7.1.1 题名

名称:title

出处:http://purl.org/dc/terms/

标签:题名

定义:古籍资源的名称。

注释:正题名以及题名说明文字著录于此。

术语类型:元素

元素修饰词:并列题名;版心题名;内封题名;书衣题名;书根题名;卷端题名;其他题名

示例1:

题名:楊氏易傳:二十卷

示例2:

题名:資治通鑑:二百九十四卷,附釋文辨誤十二卷

7.1.2 主要责任者

名称:creator

出处:http://purl.org/dc/terms/

标签:主要责任者

定义:对创建古籍负主要责任的实体。

术语类型:元素

示例1:

题名:楊氏易傳:二十卷

主要责任者:楊簡

示例2:

题名:蒲江詞稿:一卷

主要责任者:盧祖皐

7.1.3 其他责任者

名称:contributor

出处:http://purl.org/dc/terms/

标签:其他责任者

定义:对古籍资源的创建有贡献的其他责任实体。

注释:其他责任者的实体包括个人或团体、机构。通常用其他责任者的名称来标识这一条目。建议为其他责任者名称建立规范档。具体应用时,宜采用 *UNIMARC Manual: Bibliographic Format* 中"附录C:责任关系词代码"(Appendix C: Relator Codes)对"其他责任者"元素进行限定。

术语类型:元素

示例：

题名：廣博物志：五十卷

主要责任者：董斯張

其他责任者：杨鹤

7.1.4 日期

名称：date

出处：http://purl.org/dc/terms/

标签：日期

定义：与古籍资源本身生命周期中的一个事件相关的时间。

注释：此项著录古籍原物书写刻印的年份。年号纪年以中国朝代、年号、纪年的顺序著录。

术语类型：元素

元素修饰词：出版日期；印刷日期

编码体系修饰词：年号纪年；公元纪年

示例：

题名：鉅鹿東觀集：十卷

日期（年号纪年）：宋紹定元年（刻版）

日期（公元纪年）：1228（刻版）

7.1.5 出版者

名称：publisher

出处：http://purl.org/dc/terms/

标签：出版者

定义：对创制或复制古籍资源负责任的实体。

注释：该元素说明古籍资源抄写、刻印及制作的责任者及其地点。地名照录著录对象所题。

术语类型：元素

元素修饰词：印刷者；出版地；印刷地

示例 1：

题名：廣博物志：五十卷

出版者：吳興蔣禮高暉堂

示例 2：

题名：翠微南征錄：十卷，首一卷

出版者：郎遂還樸堂

7.1.6 版本类型

名称：edition

出处：http://www.loc.gov/mods/

标签：版本类型

定义：古籍因制作方式的不同而产生的不同种类名称。

注释：此项著录古籍原物的版本类型（如稿本、抄本、刻本等）及其附加说明。

术语类型:元素

元素修饰词:版印说明

示例 1:

题名:陵楊先生詩:四卷

版本类型:刻本

示例 2:

题名:椒花吟舫文稿:不分卷

版本类型:稿本

7.1.7 载体形态

名称:physical description

出处:国家数字图书馆工程古籍元数据规范

标签:载体形态

定义:古籍载体的物理形态。

术语类型:元素

元素修饰词:装订方式;数量;图表;尺寸;附件

示例 1:

题名:椒花吟舫文稿:不分卷

载体形态(数量):8 冊

示例 2:

题名:大戴禮記:十三卷

载体形态(装订方式):綫裝

载体形态(开本尺寸):31.7 × 19.8cm

7.1.8 附注

名称:description

出处:http://purl.org/dc/terms/

标签:附注

定义:记录未在其他元素项(含修饰词)著录又有必要补充说明的内容。

注释:此项著录古籍资源内容和形式各方面的注释说明。如版本附注(行款、版式、版框尺寸等)和出版发行附注(牌记、刻工、避讳、序跋等)等。

术语类型:元素

元素修饰词:底本附注;缺字附注;责任者附注;丛编;子目;附录附注;提要

示例 1:

题名:纂圖互注南華真經:十卷

附注:11 行 21 字,小字雙行 25 字,黑口,左右雙邊,有耳。

示例 2:

题名:周禮:十二卷

附注:書中刻工有王珍、吳亮、沈亨等。

7.1.9 收藏历史

名称:provenance

出处:http://purl.org/dc/terms/

标识:收藏历史

定义:古籍的递传源流以及相关内容。

注释:此项著录古籍原物的收藏沿革和在流传过程中产生的各种特征。

术语类型:元素

元素修饰词:获得方式;题跋印记

示例:

题名:賈氏叢書:十二種

收藏历史:鈐"一九四九年武強賀孔才捐贈北平圖書館之圖書"印。

7.1.10 文献保护

名称:ancient book preservation

出处:国家数字图书馆工程古籍元数据规范

标签:文献保护

定义:古文献的保存修复状况以及对其珍贵程度、破损程度所进行的级别认证。

注释:此元素著录古籍原物的文献保护事项,可根据古籍普查的要求著录。

术语类型:元素

元素修饰词:文物级别;破损级别

示例:

题名:大易粹言:十二卷

版本类型:宋淳熙三年(1176)舒州公使庫刻本

文献保护:一級古籍

7.1.11 馆藏信息

名称:location

出处:http://www.loc.gov/mods/

标签:馆藏信息

定义:作为物理实体的古文献资源所属机构或提供该资源机构的信息。

注释:此项著录古籍资源的收藏机构。可使用所属各项元素修饰词。

术语类型:元素

元素修饰词:馆藏地;索书号;其他编号

示例:

题名:茶餘客話:十卷

馆藏信息:國家圖書館善本特藏庫

7.1.12 相关资源

名称:relation

出处:http://purl.org/dc/terms/

标签:相关资源

定义:与本古籍资源相关的其他资源。

注释:此元素可实现本古籍资源与相关资源的链接。古籍数字资源链接的制作底本书目记录或古籍原物链接由其制作的数字资源地址在此元素著录。

术语类型:元素

元素修饰词:丛编;子目;合刻书名;合抄书名;合印书名;合订书名;合函书名;附录;书目文献

编码体系修饰词:URI

示例1:

题名:集古文韻:五卷

相关资源:http://www.nlc.gov.cn/newhxjy/shipin/jgwy/jgwyqj.swf

注:此为古籍原物与相关的数字资源链接例。

示例2:

题名:集古文韻:五卷

相关资源:http://opac.nlc.gov.cn/F/? request = %E9%9B%86%E5%8F%A4%E6%96%87%E9%9F%B5&func = find-m&find_code = WRD&FIND_BASE = NLC01&FIND_BASE = NLC09

注:此为古籍数字资源链接底本原物的 MARC 书目数据例。

7.1.13 主题

名称:subject

出处:http://purl.org/dc/terms/

标签:主题

定义:使用特定词汇对古籍资源内容的归纳描述。

术语类型:元素

编码体系修饰词:中国分类主题词表;四部分类法

示例:

题名:集古文韻:五卷

主题:經部 小學類 字書之屬

7.1.14 时空范围

名称:coverage

出处:http://purl.org/dc/terms/

标签:时空范围

定义:古籍资源内容所涉及的地域范围和时间范围。

注释:此元素可用于 GIS(Geographic Information System,地理信息系统)的制作。

术语类型:元素

元素修饰词:地名;年代

编码体系修饰词:年号纪年;公元纪年

示例：

题名：漢魏六朝百三名家集

时空范围：自漢至隋

注：此书收录自汉贾谊至隋薛道衡的诗文集。

7.1.15 语种

名称：language

出处：http://purl.org/dc/terms/

标签：语种

定义：古籍资源内容所使用的语言种类。

注释：此项著录古籍内容所使用的主体语种，偶尔出现的其他语种不必著录。

术语类型：元素

示例：

题名：李丞相詩集：二卷

语种：漢語

7.1.16 来源

名称：source

出处：http://purl.org/dc/terms/

标签：来源

定义：与当前古籍数字资源来源有关的资源。

注释：当前资源可能部分或全部源自来源元素所标识的古籍原物。可采用馆藏信息（馆藏地、索书号）进行标识，也可采用符合正式标识体系的字符串标识。

术语类型：元素

示例：

题名：新刻洗冤錄：二卷

来源：據國家圖書館善本特藏庫所藏古籍原物掃描製作，索書號：09602

7.1.17 权限

名称：rights

出处：http://purl.org/dc/terms/

标签：权限

定义：资源本身所有的或被赋予的关于权限的信息。

注释：一般而言，权限管理元素包括一个对资源的权限管理的声明，或者是对提供这一信息的服务的参照。权限管理一般包括知识产权（IPR），版权和其他各种的产权。

术语类型：元素

示例：

题名：新刻洗冤錄：二卷

权限：僅限國家圖書館善本特藏閱覽室内閱覽

7.1.18 类型

名称:type

出处:http:/purl. org/dc/terms/

标签:类型

定义:资源的特征或种类。

注释:按著录对象的类型著录来自于受控词表中的值。如果要描述数字资源的文件格式、物理媒体或尺寸规格,应在"格式"元素中著录。

术语类型:元素

示例 1:

题名:新刻洗冤錄:二卷

类型:古籍

示例 2:

题名:新刻洗冤錄:二卷

类型:古籍数字资源

7.1.19 格式

名称:format

出处:http://purl. org/dc/terms/

标签:格式

定义:古籍数字资源的文件格式、物理载体或尺寸规格。

注释:格式可以包括资源的媒体类型或资源的大小,格式元素可以用来标识展示或操作资源所需的软硬件或其他相应设备,例如,尺寸规格可以是大小尺寸或持续时间。建议采用受控词表,例如,因特网媒体类型[MIME]定义的计算机媒体格式。

术语类型:元素

示例:

题名:新刻洗冤錄:二卷

类型:古籍数字资源

格式:jpg

格式:彩色

格式:300dpi

格式:500M

7.1.20 标识符

名称:identifier

出处:http://purl. org/dc/terms/

标签:标识符

定义:古籍数字资源在一定体系下的唯一标识。

术语类型:元素

元素修饰词:记录标识符

编码体系修饰词:URI

示例:

题名:新刻洗冤錄:二卷

标识符:http://www.nlc.gov.cn/newhxjy/shipin/xyl/xyl.swf

7.1.21 其他复本信息

名称:copy

出处:国家数字图书馆工程古籍元数据规范

标识:其他复本信息

定义:与本记录所著录古籍在内容及版印方面相同的其他藏本的相关信息。

注释:其他复本信息与主记录所描述的古籍藏本在内容和版印上情况一致,但可能在装订形式、册函数、开本大小、获得方式、藏章印记、破损与完整情况、典藏地址、典藏号等方面与主记录所描述的古籍藏本有所不同。所以一般应该从载体形态、附注、收藏历史、文献保护、馆藏信息等方面予以反映。

术语类型:元素

示例:

题名:孟东野集:十卷,附一卷

载体形态:4 冊

馆藏信息:國家圖書館普通古籍庫藏,索書號:88028

其他复本信息:吳梅藏書,6 冊,國家圖書館善本特藏庫藏,索書號:t3678。

7.2 元素修饰词

7.2.1 并列题名

名称:parallel title

出处:全国信息与文献标准化技术委员会. 文献著录: 第 4 部分 非书资料. 北京: 中国标准出版社,2009

标签:并列题名

定义:与正题名相对应的另一种语言文字的题名。

术语类型:元素修饰词

限定:题名(title)

示例:

题名:觀物博異:八卷

并列题名:The universe or the infinitely great and the infinitely little

7.2.2 版心题名

名称:running title

出处:国家数字图书馆工程古籍元数据规范

标签:版心题名

定义:在古籍版心上书写或印制的题名。

术语类型:元素修饰词

限定:题名(title)

示例1:

题名:可儀堂一百二十名家制義

版心题名:家制義

示例2:

题名:春秋體注:四卷

版心题名:增訂春秋體注大全

7.2.3 内封题名

名称:title-page title

出处:国家数字图书馆工程古籍元数据规范

标签:内封题名

定义:在古籍内封上书写或印刷的题名。

注释:内封是古籍内封面的简称,亦称题名页。

术语类型:元素修饰词

限定:题名(title)

示例:

题名:半舫齋古文:八卷

内封题名:夏醴穀半舫齋古文

7.2.4 书衣题名

名称:cover title

出处:国家数字图书馆工程古籍元数据规范

标签:书衣题名

定义:在古籍书衣上书写或印刷的题名。

注释:书衣是古籍的封面包装。书衣题名一般书写或印刷在书签上,粘贴或画印于书衣的左上方;有的书衣题名则直接书写或印刷在书衣的左上方。

术语类型:元素修饰词

限定:题名(title)

示例:

题名:西方路

书衣题名:西方淨土文疏

7.2.5 书根题名

名称:book's root title

出处:国家数字图书馆工程古籍元数据规范

标签:书根题名

定义:在古籍书根上书写或印制的题名。

注释:书根是书籍下端的切口部分。古籍原物多卧置,为便于检阅,常利用书根书写或加印题名、卷次、册次和册数。

术语类型:元素修饰词

限定:题名(title)

示例:

题名:墨妙亭碑目考: 二卷,附考一卷

书根题名:碑目考

7.2.6 卷端题名

名称:caption title

出处:国家数字图书馆工程古籍元数据规范

标签:卷端题名

定义:书写或印刷于古籍卷端上的题名。

注释:卷端是古籍正文前或每卷正文前几行文字的所在部位,主要有题名、责任说明及版刻情况等。

术语类型:元素修饰词

限定:题名(title)

示例:

题名:四書改錯:二十二卷

卷端题名:西河合集

7.2.7 其他题名

名称:other title

出处:http://purl. org/dc/terms/

标签:其他题名

定义:所著录古籍或其他文献中所题的与正题名等不同的题名。

注释:即不同于正题名、并列题名、版心题名、内封题名、书衣题名、书根题名、卷端题名的题名。

术语类型:元素修饰词

限定:题名(title)

示例1:

题名:梁溪先生文集:一百八十卷,附錄一卷

其他题名:書簽題"梁溪全集"。

示例2:

题名:漢魏六朝百三名家集

其他题名:目錄題:"漢魏六朝一百三家集"。

7.2.8 出版日期

名称:issued

出处:Dublin Core Terms:http://purl. org/dc/terms/

标签:出版日期

定义:创制或复制古籍资源的时间。

术语类型:元素修饰词

限定:日期(date)

编码体系修饰词:年号纪年;公元纪年

示例:

题名:李東陽詩:二卷

出版日期:清光緒元年(1875)

7.2.9 印刷日期

名称:printed

出处:国家数字图书馆工程古籍元数据规范

标签:印刷日期

定义:将古籍资源印制在纸张等介质上的时间。

注释:此项说明古籍资源与出版日期不同的印刷时间。著录的印刷日期应当晚于出版日期。

术语类型:元素修饰词

限定:日期(date)

编码体系修饰词:年号纪年;公元纪年

示例:

题名:遊學計畫書

印刷日期:清光緒六年(1880)

7.2.10 出版地

名称:place of publication

出处:Dublin Core Terms:http://purl.org/dc/terms/

标签:出版地

定义:创制或复制古籍资源的地点。

注释:出版者编撰或复制古籍资源的地点。

术语类型:元素修饰词

限定:出版者(publisher)

示例:

题名:順所然齋詩:四卷,補遺一卷

出版地:武昌

7.2.11 印刷者

名称:printer

出处:国家数字图书馆工程古籍元数据规范

标签:印刷者

定义:将古籍资源印制在纸张等介质上,批量制作古籍资源复本的机构或个人。

注释:此项补充说明与出版者不同的印制古籍资源的责任者。

术语类型:元素修饰词

限定:出版者(publisher)

示例：

题名：遊學計畫書

印刷者：廣東學務公所印刷處

7.2.12 印刷地

名称：printed place

出处：http://purl.org/dc/terms/

标签：印刷地

定义：印刷者使用工具批量制作古籍资源复本的地点。

注释：此项说明与出版地不同的印制古籍资源的地点。

术语类型：元素修饰词

限定：出版者(publisher)

示例：

题名：遊學計畫書

印刷者：廣東學務公所印刷處

印刷地：廣東

7.2.13 版印说明

名称：edition statement

出处：国家数字图书馆工程古籍元数据规范

标签：版印说明

定义：古籍版本类型的附加说明。

注释：此项著录古籍原物印刷的方式、色彩、修版、补版、初印、后印、纸张等。

术语类型：元素修饰词

限定：版本类型(edition)

示例1：

题名：論語古注集箋：十卷，論語考一卷

版本类型：刻本

版印说明：後印，據清光緒七年(1881)江蘇書局刻版重印。

示例2：

题名：十竹齋書畫譜：八種

版本类型：刻本

版印说明：彩色套印

7.2.14 装订方式

名称：binding

出处：国家数字图书馆工程古籍元数据规范

标签：装订方式

定义：将古籍加工为现有物理状态的方法。

注释：此项著录古籍原物的装订方式，如：线装、经折装、卷轴装、蝴蝶装、包背装等。

术语类型:元素修饰词

限定:载体形态(physical description)

示例 1:

题名:山谷黄先生大全詩註:二十卷

装订方式:綫裝

示例 2:

题名:易學啓蒙:二卷,圖一卷

装订方式:包背装

7.2.15 数量

名称:quantity

出处:全国信息与文献标准化技术委员会. 文献著录:第 4 部分 非书资料. 北京:中国标准出版社,2009

标签:数量

定义:古籍的单位计量统计结果。

注释:此项著录古籍原物的数量。量词通常用册、函表述。

术语类型:元素修饰词

限定:载体形态(physical description)

示例:

题名:山谷黄先生大全詩註:二十卷

数量:6 册(1 函)

7.2.16 图表

名称:chart

出处:国家数字图书馆工程古籍元数据规范

标签:图表

定义:对古籍资源内容中图象及表格方面的说明。

注释:此项著录古籍资源中插图、照片、表格等,可著录其具体名称及数量。

术语类型:元素修饰词

限定:载体形态(physical description)

示例:

题名:春秋圖表:二卷

图表:有圖

7.2.17 尺寸

名称:dimension

出处:全国信息与文献标准化技术委员会. 文献著录:第 4 部分 非书资料. 北京:中国标准出版社,2009

标签:尺寸

定义:对古籍物理载体高广大小的测量记录。

注释:此项著录古籍原物载体的高度、宽度尺寸。高度、宽度之间以“×”相连,单位“cm”。

术语类型:元素修饰词

限定:载体形态(physical description)

示例:

题名:地理辨正疏:五卷,卷首一卷,卷末一卷

尺寸:23.4×15.3cm

7.2.18 附件

名称:accompanying material

出处:国家数字图书馆工程古籍元数据规范

标签:附件

定义:古籍主体以外的附加资料或物品。

注释:附件在物理实体上与书籍的主体相分离,装订方式与主体不同。凡在古籍原物中有著录价值的资料或物品,无论是否古籍原有,也无论其内容与古籍主体是否相关,均在此著录。

术语类型:元素修饰词

限定:载体形态(physical description)

示例:

题名:石倉詩集:三卷

附件:内夾致鄭振鐸的一封信。

7.2.19 底本附注

名称:original version note

出处:国家数字图书馆工程古籍元数据规范

标签:底本附注

定义:与本资源相关的原作版本的说明。

注释:此项著录本资源的原作版本依据,如校刊、影印、刊印古籍时作为依据的底本。抄本所依据的原本也可著录在此。

术语类型:元素修饰词

限定:附注(description)

示例:

题名:朱竹垞手寫史館稿傳

底本附注:據清康熙十八年刻本影印。

7.2.20 缺字附注

名称:missing characters

出处:国家数字图书馆工程古籍元数据规范

标签:缺字附注

定义:记录和描述现有字库中缺少的文字等。

注释:记录和描述的方式可参见国家图书馆编《汉语文古籍机读目录格式使用手册》相关部分。

术语类型:元素修饰词

限定:附注(description)

示例:

缺字附注:〓=[糹 尋](xun)

7.2.21 责任者附注

名称:creator description

出处:国家数字图书馆工程古籍元数据规范

标签:责任者附注

定义:责任者的姓名、字号、生平等方面需要说明的情况。

注释:相同责任者在古籍中使用的名称与责任者项著录的名称出现差异时,可在此说明。

术语类型:元素修饰词

限定:附注(description)

示例:

题名:古香堂六種

责任者附注:王初桐,原名元烈,本書有“原名元烈字耿仲”印。

7.2.22 丛编附注

名称:series description

出处:国家数字图书馆工程古籍元数据规范

标签:丛编附注

定义:对本资源所属丛编的说明。

注释:此处著录没有单独书目记录的丛编事项,如丛编题名、所处丛编内部序列位置等。

术语类型:元素修饰词

限定:附注(description)

示例:

题名:翰林志:一卷

丛编附注:知不足齋叢書

7.2.23 子目附注

名称:sub-series description

出处:Dublin Core Terms:http://purl.org/dc/terms/

标签:子目附注

定义:对本资源所包含子目的说明。

注释:此处著录没有单独书目记录的丛编子目事项,如子目题名、责任者以及子目序列等。

术语类型:元素修饰词

限定:附注(description)

示例:

题名:慎始基齋叢書

子目附注:1. 四庫全書敘:一卷;2. 姚彥長觀書例:一卷;3. 田隴初觀書後例:一卷;4. 四川省城尊經書院記:一卷;
5. 輶軒語:一卷;6. 書目答問:一卷,附校勘記一卷;7. 三通序:一卷;8. 經義韻言:一卷;9. 古今偽書考:一卷;
10. 天文歌略:一卷;11. 地學歌略:一卷。

7.2.24 附录附注

名称:appendix

出处:国家数字图书馆工程古籍元数据规范

标签:附录附注

定义:古籍正文之后的附加性内容,包括附刻。

注释:此处著录没有单独书目记录的附录信息。

术语类型:元素修饰词

限定:附注(description)

示例:

题名:春秋大事表: 五十卷,輿圖一卷,附錄一卷

附录附注:附讀春秋偶筆:一卷

7.2.25 提要

名称:abstract

出处:Dublin Core Terms:http://purl. org/dc/terms/

标签:提要

定义:古籍资源内容、形式的要点。

术语类型:元素修饰词

限定:附注(description)

示例:

题名:唐明皇秋夜梧桐雨雜劇:一卷

提要:白樸代表作,記載唐明皇與楊貴妃愛情故事。唐邊將安祿山戰敗當斬,明皇因喜其趨奉赦免之,令他在宮中侍候。楊貴妃與他有私,楊國忠奏請明皇,調他為漁陽節度使。……正當歡娛之際,安祿山叛變,奪取潼關,直逼長安。文武大臣均無計禦敵,勸明皇逃往四川。龍武將軍陳玄禮護駕至馬嵬坡,六軍不發,殺死楊國忠,又要求殺楊貴妃以謝天下。明皇不得已令貴妃自盡。安祿山叛亂平定,明皇重回長安,終日思念貴妃,於秋雨之夜,聞雨打梧桐之聲,倍極傷情,引為終身之憾。

7.2.26 获得方式

名称:availability

出处:国家数字图书馆工程古籍元数据规范

标签:获得方式

定义:古籍的获得来源、购买价格等。

注释:此项著录古籍原物出处的相关事项。

术语类型:元素修饰词

限定:收藏历史(provenance)

示例:

题名:詩集傳:二十卷

获得方式:1989 年購自北京中國書店。

7.2.27 题跋印记

名称:inscription and seal

出处:国家数字图书馆工程古籍元数据规范

标签:题跋印记

定义:书写在古籍上的有关本书品评、考订、记事等文字为题跋;古籍收藏者、经眼者等钤印在古籍上的印章、戳记为印记。

注释:此项著录古籍原物上与本书内容及收藏流传有关的题跋或印记。

术语类型:元素修饰词

限定:收藏历史(provenance)

示例:

题名:皇明從信錄:四十卷

题跋印记:钤“延古堂李氏珍藏”印。

7.2.28 文物级别

名称:cultural relics level

出处:国家数字图书馆工程古籍元数据规范

标签:文物级别

定义:被著录古籍根据珍贵程度所划分的级别。

注释:此项著录古籍原物的文物级别。根据 WH/T—2006 古籍定级标准选择相应的级别和等次。

术语类型:元素修饰词

限定:文献保护(ancient book preservation)

示例:

题名:毛詁訓傳:二十卷

版本类型:宋刻本

文物级别:一級古籍

7.2.29 破损级别

名称:distinction of disrepair

出处:国家数字图书馆工程古籍元数据规范

标签:破损级别

定义:被著录古籍根据破损程度所划分的级别。

注释:此项著录古籍原物的破损级别。依据 WH/T 22—2006 古籍特藏破损定级标准著录。

术语类型:元素修饰词

限定:文献保护(ancient book preservation)

示例：

题名：駁吕留良四書講義：八卷

破损级别：五級破損

7.2.30 馆藏地

名称：location

出处：国家数字图书馆工程古籍元数据规范

标签：馆藏地

定义：古籍资源典藏的具体位置。

注释：此项著录古籍资源具体典藏位置的相关事项。

术语类型：元素修饰词

限定：馆藏信息(location)

示例：

题名：宋宰輔編年錄：二十卷

馆藏地：國家圖書館古籍館普通古籍庫

7.2.31 索书号

名称：call number

出处：国家数字图书馆工程古籍元数据规范

标签：索书号

定义：古籍收藏单位为了检索和排架的需要而给予每个古籍资源的一个特定号码。

注释：此项著录古籍资源特定的检索号码。

术语类型：元素修饰词

限定：馆藏信息(location)

示例：

题名：宋宰輔編年錄：二十卷

索书号：9392

7.2.32 其他编号

名称：other call number

出处：国家数字图书馆工程古籍元数据规范

标签：其他编号

定义：古籍收藏单位给予某个古籍资源除典藏号之外的另一个特定编号。

注释：此项著录古籍资源检索号码相关的其他序号。

术语类型：元素修饰词

限定：馆藏信息(location)

示例：

题名：皇明從信錄：四十卷

其他编号：系統號：001797313。

7.2.33 丛编

名称:series

出处:国家数字图书馆工程古籍元数据规范

标签:丛编

定义:在内容和形式,或者典藏方式上具有一定联系,并具有独立子目题名和总题名的古籍集合。

注释:此处链接古籍所属的丛编记录。

术语类型:元素修饰词

限定:相关资源(relation)

编码体系修饰词:URI

示例:

题名:書經注:十二卷

丛编:十萬卷樓叢書

7.2.34 子目

名称:sub-series

出处:国家数字图书馆工程古籍元数据规范

标签:子目

定义:组成古籍丛编的单种古籍。

注释:此处链接古籍丛编所属的子目记录。

术语类型:元素修饰词

限定:相关资源(relation)

编码体系修饰词:URI

示例:

题名:十萬卷樓叢書

子目:書經注:十二卷;資治通鑑釋文:三十卷;注陸宣公奏議:十五卷;史載之方:二卷;海藏老人陰證略例:一卷;本草衍義:二十卷;東萊呂紫微師友雜誌:一卷;東萊呂紫微雜說:一卷;可書:一卷;東原錄:一卷;地理葬書集注:九卷,附葬書問對一卷;醫經正本書:一卷;人倫大統賦:二卷;乙巳占:十卷;太上老子道德經集解:二卷;夷堅甲志:二十卷,乙志二十卷,丙志二十卷,丁志二十卷。

7.2.35 合刻书名

名称:engraved with

出处:国家数字图书馆工程古籍元数据规范

标签:合刻书名

定义:与著录对象同时刻版而又装订在一起的古籍的题名。

注释:此处链接与著录古籍原物合刻的古籍的书目记录。

术语类型:元素修饰词

限定:相关资源(relation)

编码体系修饰词:URI

示例:

题名:渔庵詩選:二卷

合刻书名:岱輿詩選:二卷

7.2.36 合抄书名

名称:transcribed with

出处:国家数字图书馆工程古籍元数据规范

标签:合抄书名

定义:与著录对象同时抄写而又装订在一起的古籍的题名。

注释:此处链接与著录古籍原物合抄的古籍的书目记录。

术语类型:元素修饰词

限定:相关资源(relation)

编码体系修饰词:URI

示例:

题名:海虞藝文志備考

合抄书名:重修琴川志:十五卷

7.2.37 合印书名

名称:printed with

出处:国家数字图书馆工程古籍元数据规范

标签:合印书名

定义:与著录对象并非同时刻板但却同时印刷并又装订在一起的古籍的题名。

注释:此处链接与著录古籍原物合印的古籍的书目记录。

术语类型:元素修饰词

限定:相关资源(relation)

编码体系修饰词:URI

示例:

题名:南來志

合印书名:北歸志、廣州遊覽小志

7.2.38 合订书名

名称:bound with

出处:国家数字图书馆工程古籍元数据规范

标签:合订书名

定义:与著录对象装订在一起的古籍的题名。

注释:此处链接与著录古籍原物合订的古籍的书目记录。

术语类型:元素修饰词

限定:相关资源(relation)

编码体系修饰词:URI

示例：

题名：李西涯擬古樂府

合订书名：涪州石魚題名記

7.2.39 合函书名

名称：same slipcase with

出处：国家数字图书馆工程古籍元数据规范

标签：合函书名

定义：与著录对象合装在同一装具中的古籍的题名。

注释：此处链接与著录古籍原物合装在同一装具中的古籍的书目记录。

术语类型：元素修饰词

限定：相关资源（relation）

编码体系修饰词：URI

示例：

题名：退思存稿

合函书名：仕隱圖題詞

7.2.40 附录

名称：relation appendix

出处：国家数字图书馆工程古籍元数据规范

标签：附录

定义：古籍正文之后的附加性内容，包括附刻。

注释：此处链接著录古籍附录的书目记录。

术语类型：元素修饰词

限定：相关资源（relation）

编码体系修饰词：URI

示例：

题名：杜文集注：一卷

附录：附《杜序集錄》、《逸杜附錄》、《杜詩補注》等。

7.2.41 书目文献

名称：bibliographical reference

出处：国家数字图书馆工程古籍元数据规范

标签：书目文献

定义：著录或记载有该古籍资源的目录资料。

注释：此处链接收录有被著录古籍资源的书目文献的书目记录。

术语类型：元素修饰词

限定：相关资源（relation）

编码体系修饰词：URI

示例:

题名:停雲館詩選:二卷

书目文献:《北京圖書館古籍善本書目》著錄(北京圖書館編. 北京:書目文獻出版社,1987)。

7.2.42 地名

名称:spatial

出处:http://purl. org/dc/terms/

标签:地名

定义:古籍资源内容所涉及的地域范围。

术语类型:元素修饰词

限定:时空范围(coverage)

示例:

题名:國朝杭郡詩輯:三十二卷

地名:杭郡,浙江

7.2.43 年代

名称:temporal

出处:http://purl. org/dc/terms/

标签:年代

定义:古籍资源内容所涉及的时间范围。

术语类型:元素修饰词

限定:时空范围(coverage)

编码体系修饰词:年号纪年;公元纪年

示例:

题名:國朝杭郡詩輯:三十二卷

年代:清初至乾隆末年、嘉慶初年

注:此编收录清初至乾隆末年、嘉庆初年杭州诗人作品。

7.3 编码体系修饰词

7.3.1 年号纪年

名称:Chinese calendar

出处:肖珑,申晓娟. 国家图书馆元数据应用总则规范汇编. 北京:国家图书馆出版社,2011

标签:年号纪年

定义:以帝王在位期间用于纪年的名号为标准的阴阳历纪年法,中国古代纪年法。

注释:中国封建王朝年号前应加朝代名。可参见万国鼎《中国历史纪年表》,郑鹤声《近世中西史日对照表》。

术语类型:编码体系修饰词

编码体系应用于:日期(date);出版日期(issued);印刷日期(printed);时空范围(coverage);年代(temporal)

示例：

题名：宋六十名家词

出版日期（年号纪年）：清光緒間

7.3.2 公元纪年

名称：Gregorian calendar

出处：肖珑，申晓娟．国家图书馆元数据应用总则规范汇编．北京：国家图书馆出版社，2011

标签：公元纪年

定义：以耶稣诞生为元年的太阳历纪年法，国际通用纪年法。

注释：公元纪年法是目前大多数国家纪年的标准。

术语类型：编码体系修饰词

编码体系应用于：日期（date）；出版日期（issued）；印刷日期（printed）；时空范围（coverage）；年代（temporal）

示例：

题名：宋六十名家词

出版日期（年号纪年）：清光緒間

出版日期（公元紀年）：1875—1908

7.3.3 URI

名称：URI

出处：http://purl.org/dc/terms/

标签：URI

定义：统一资源标识符。

注释：参见：http://www.ietf.org/rfc/rfc2396.txt

术语类型：编码体系修饰词

编码体系应用于：相关资源（relation）；丛编（series）；子目（sub-series）；合刻书名（engraved with）；合抄书名（transcribed with）；合印书名（printed with）；合订书名（bound with）；合函书名（same slipcase with）；附录（relation appendix）；书目文献（bibliographical reference）；标识符（identifier）

示例：

题名：北征記

合抄书名：金文靖公北征錄

URI（合抄书名）：http://opac.nlc.gov.cn/F/55JTC7CF1VC1HAID2FBJG7IRTJ4QA1VYFTNT7RPRT9F9LGKKSR-09848?func=full-set-set&set_number=086779&set_entry=000002&format=999

7.3.4 中国分类主题词表

名称：CCT

出处：中国图书馆分类法编辑委员会．中国分类主题词表．第2版．北京：北京图书馆出版社，2005

标签：中国分类主题词表

定义：依据《中国分类主题词表》对古籍资源进行标引的规范主题词。

术语类型：编码体系修饰词

编码体系应用于：主题（subject）

示例：

题名：李太白文集：三十卷

中国分类主题词表：文學　詩歌　李白

7.3.5　四部分类法

名称：FDC

出处：国家数字图书馆工程古籍元数据规范

标签：四部分类法

定义：依照中国传统的四部分类法对古籍资源进行标引的类名。

术语类型：编码体系修饰词

编码体系应用于：主题（subject）

示例 1：

题名：揚州畫舫錄：十八卷

四部分类法：史部 地理類 雜志之屬

示例 2：

题名：沈隱侯集：二卷

四部分类法：集部 别集類 漢魏六朝

附录 A

(资料性附录)

古籍元数据规范著录示例

表 A.1 给出了古籍数字资源著录示例。

表 A.1　古籍数字资源元数据著录示例

元素	元素修饰词	编码体系修饰词	著录内容
题名			遊道堂集:四卷
	并列题名		
	版心题名		
	内封题名		
	书衣题名		
	书根题名		
	卷端题名		
	其他题名		
主要责任者			(清)朱彬
其他责任者			朱士彦
日期			
	出版日期	年号纪年	清道光間
		公元纪年	1821—1850
	印刷日期	年号纪年	
		公元纪年	
出版者			寳應朱氏
	出版地		
	印刷者		
	印刷地		
版本类型			稿本
	版印说明		
载体形态			
	装订方式		綫裝
	数量		4 冊(1 函)
	图表		
	尺寸		26.4×16.5cm
	附件		
附注			朱士彦聘人抄寫並親筆校改。書中最晚紀年爲道光壬辰(十二年,1832)。
	底本附注		
	缺字附注		
	责任者附注		朱彬(1753—1834)字武曹,號郁甫,江蘇寳應人。朱士彦(?—1838),彬子,嘉慶進士。

表 A.1 古籍数字资源元数据著录示例(续)

元素	元素修饰词	编码体系修饰词	著录内容
附注	丛编附注		
	子目附注		
	附录		
	提要		
收藏历史			
	获得方式		
	题跋印记		目首葉鈐"藝風過眼"朱印。
文献保护			
	文物级别		二級古籍
	破损级别		
馆藏信息			
	馆藏地		
	索书号		
	其他编号		
相关资源			
	丛编		
	子目		
	合刻书名		
	合抄书名		
	合印书名		
	合装书名		
	合函书名		
	附录		
	书目文献		
主题			別集 清代
		中国分类主题词表	
		四部分类法	集部 別集類
时空范围			
	地名		
	年代	年号纪年	
		公元纪年	
语种			漢語
来源			據北京大學圖書館古籍特藏庫所藏古籍原物掃描,原物典藏號:SB/817.77/2542.1
权限			北京大學校園局域網範圍内使用
类型			古籍

表 A.1　古籍数字资源元数据著录示例(续)

元素	元素修饰词	编码体系修饰词	著录内容
格式			jpg
格式			彩色
格式			300dpi
格式			54M
标识符			
		URI	http://162.105.139.57:8080/SB/817.77/2542.1
其他复本信息			

表 A.2、A.3 和 A.4 给出了古籍原物元数据著录示例。

表 A.2　古籍原物元数据著录示例 1(著录单位为:古籍的一部藏本原物)

元素	元素修饰词	编码体系修饰词	著录内容
题名			鹿門集:二卷
	题名说明		
	并列题名		
	版心题名		
	内封题名		
	书衣题名		
	书根题名		
	卷端题名		
	其他题名		
主要责任者			唐彥謙
其他责任者			錢謙益
日期			
	出版日期	年号纪年	明崇禎七年
		公元纪年	1634
	印刷日期	年号纪年	
		公元纪年	
出版者			錢謙益
	出版地		
	印刷者		
	印刷地		
版本类型			抄本
	版印说明		
载体形态			
	装订方式		綫裝
	数量		1 冊
	图表		

表 A.2 古籍原物元数据著录示例(续)

元素	元素修饰词	编码体系修饰词	著录内容
载体形态	尺寸		24.8×14.7cm
	附件		
附注			每半葉十二行,行二十字,白口,四周單邊。
	底本附注		
	缺字附注		
	责任者附注		
	从编附注		
	子目附注		
	附录		
	提要		
收藏历史			
	获得方式		
	题跋印记		
文献保护			
	文物级别		二級古籍
	破损级别		
馆藏信息			國家圖書館
	馆藏地		善本特藏庫
	索书号		7014
	其他编号		
相关资源			
	从编		
	子目		
	合刻书名		
	合抄书名		
	合印书名		
	合装书名		
	合函书名		
	附录		
	书目文献		
主题			詩集,別集
		中国分类主题词表	中國文學 詩歌
		四部分类法	集部 別集類
时空范围			
	地名		
	年代	年号纪年	
		公元纪年	

表 A.2　古籍原物元数据著录示例(续)

元素	元素修饰词	编码体系修饰词	著录内容
语种			漢語
来源			
权限			僅限國家圖書館善本特藏閲覽室内閲覽
类型			古籍
格式			
标识符			
其他复本信息			

表 A.3　古籍原物元数据著录示例 2(著录单位为:古籍的一部藏本原物)

元素	元素修饰词	编码体系修饰词	著录内容
题名			論碑帖詩:一卷
	题名说明		
	并列题名		
	版心题名		
	内封题名		
	书衣题名		
	书根题名		
	卷端题名		
	其他题名		
主要责任者			王芑孫
其他责任者			端方
日期			
	出版日期	年号纪年	清
		公元纪年	1644—1911
	印刷日期	年号纪年	
		公元纪年	
出版者			
	出版地		
	印刷者		
	印刷地		
版本类型			稿本
	版印说明		
载体形态			
	装订方式		經折裝
	数量		1 册

表 A.3　古籍原物元数据著录示例 2(续)

元素	元素修饰词	编码体系修饰词	著录内容
载体形态	图表		
	尺寸		23.7×13.7cm
	附件		
附件			無格,行字不等。
	底本附注		
	缺字附注		
	责任者附注		王芑孫(1755—1818)字念豐,號鐵夫,更號惕甫,又號楞伽山人,晚號樗隱老人、老鐵,蘇州府長洲縣(今蘇州地區)人,以辭章之學享譽海內,工書法。乾隆五十三年(1788)召試舉人。
	从编附注		
	子目附注		
	附录		
	提要		
收藏历史			
	获得方式		
	题跋印记		
文献保护			
	文物级别		二級古籍
	破损级别		
馆藏信息			國家圖書館
	馆藏地		善本特藏庫
	索书号		18797
	其他编号		
相关资源			
	从编		
	子目		
	合刻书名		
	合抄书名		論書絕句
	合印书名		
	合装书名		
	合函书名		
	附录		
	书目文献		
主题			
		中国分类主题词表	
		四部分类法	子部 藝術類 書畫之屬

表 A.3　古籍原物元数据著录示例 2(续)

元素	元素修饰词	编码体系修饰词	著录内容
时空范围			
	地名		
	年代	年号纪年	
		公元纪年	
语种			漢語
来源			
权限			僅限國家圖書館善本特藏閱覽室内閱覽
类型			古籍
格式			
标识符			
其他复本信息			

表 A.4　古籍原物元数据著录示例 3(著录单位为:古籍的一部藏本原物的組成部分)

元素	元素修饰词	编码体系修饰词	著录内容
题名			文昌雜錄:六卷,補遺一卷
	题名说明		
	并列题名		
	版心题名		
	内封题名		
	书衣题名		
	书根题名		
	卷端题名		
	其他题名		
主要责任者			龐元英
其他责任者			
日期			
	出版日期	年号纪年	清乾隆二十一年
		公元纪年	1756
	印刷日期	年号纪年	
		公元纪年	
出版者			
	出版地		
	印刷者		
	印刷地		
版本类型			刻本
	版印说明		

表 A.4　古籍原物元数据著录示例 3(续)

元素	元素修饰词	编码体系修饰词	著录内容
载体形态			
	装订方式		綫裝
	数量		1 册
	图表		
	尺寸		20.7×13.7cm
	附件		
附注			10 行 21 字,白口,四周單邊。
	底本附注		
	缺字附注		
	责任者附注		
	丛编附注		此爲《雅雨堂叢書》之一。
	子目附注		
	附录		
	提要		
收藏历史			
	获得方式		
	题跋印记		
文献保护			
	文物级别		三級古籍
	破损级别		
馆藏信息			國家圖書館
	馆藏地		善本特藏庫
	索书号		8216
	其他编号		
相关资源			
	丛编		
	子目		
	合刻书名		
	合抄书名		
	合印书名		
	合装书名		
	合函书名		
	附录		
	书目文献		

表 A.4　古籍原物元数据著录示例 3(续)

元素	元素修饰词	编码体系修饰词	著录内容
主题			
		中国分类主题词表	
		四部分类法	子部 藝術類 書畫之屬
时空范围			
	地名		
	年代	年号纪年	
		公元纪年	
语种			漢語
来源			
权限			僅限國家圖書館善本特藏閱覽室内閱覽
类型			古籍
格式			
标识符			
其他复本信息			國家圖書館普通古籍庫藏另一複本,2 冊,索書號:69987。

参考文献

[1] 肖珑,申晓娟. 国家图书馆元数据应用总则规范汇编[M]. 北京:国家图书馆出版社,2011

[2] 国家图书馆《中国文献编目规则》修订组. 中国文献编目规则(第二版)[M]. 北京:北京图书馆出版社(今国家图书馆出版社),2005

[3] 中国国家图书馆. 汉语文古籍机读目录格式使用手册[M]. 北京:北京图书馆出版社(今国家图书馆出版社),2001

[4] 谢琴芳. CALIS 联机合作编目手册(上册)[M]. 北京:北京大学出版社,2000

[5] DCMI Metadata Terms. [DCMI-TERMS]DCMI 元数据术语集 [DCMI-TERMS][EB/OL]. http://dublincore.org/documents/dcmi-terms/

[6] Metadata Object Description Schema. [MODS]元数据对象描述模式 [MODS][EB/OL]. http://www.loc.gov/standards/mods/

ISBN 978-7-5013-5753-6

9 787501 357536 >

定价：30.00 元